jesta Touille

TOME 2

JESTA HILLMANN

jesta Touille TOME 2

DES RECETTES DÉLICIEUSEMENT SAINES
ET DES EXERCICES POUR ÊTRE EN FORME

Photographies
Laurent Moynat
Stylisme
Julie Soucail

hachette
CUISINE

Préface

Zéro culpabilité, un maximum de plaisir !

Jestatouille numéro 2 ! Quelle fierté pour moi de vous présenter ce second livre. Le premier a été un succès grâce à vous, votre engouement, vos partages, votre amour, mais surtout, vos résultats.

Comme vous le savez déjà certainement pour la plupart, lors de ma première grossesse, j'ai pris 28 kilos et, après l'accouchement, j'ai changé ma façon de m'alimenter pour retrouver ma silhouette d'avant.

Vous me connaissez, je n'aime pas spécialement faire du sport, la solution se trouvait donc dans l'assiette. J'ai enfilé mon tablier et je me suis penchée sur ce que je mangeais tout au long de la journée. C'est comme ça que *Jestatouille* est né.

Vous avez tellement aimé le premier livre que j'ai décidé d'en écrire un second. Toujours pour référencer mes recettes préférées, celles que vous me demandez chaque jour sur les réseaux sociaux, mais aussi et surtout pour vous ! Oui, pour vous, encore une fois, car j'ai énormément de retours qui me font très plaisir sur mes recettes.

Voici donc 55 recettes saines et équilibrées, accompagnées cette fois-ci d'exercices de sport, pour prendre soin de vous !

Jesta

Sommaire

Introduction

Vous me connaissez maintenant, donc je vais me présenter rapidement. J'ai un parcours plutôt atypique avec un prénom qui ne l'est pas moins ! J'ai été Miss en 2013 et je suis montée sur les poteaux de *Koh-Lanta* en 2016 (où j'ai rencontré Benoît, mon futur mari, qui écrit aujourd'hui ce livre avec moi). En 2018, nous avons gagné ensemble une compétition télévisée de couples et, très rapidement, suivirent les fiançailles, le mariage, le premier puis le second bébé.

Manger est un plaisir, et c'est pourquoi je ne voulais pas entrer dans la tourmente des régimes sans fin.

Justement, c'est lors de ma première grossesse que j'ai pris 28 kilos. Pendant ces neuf mois, je ne m'en étais même pas rendu compte, emportée par l'enthousiasme et l'amour que cette période m'a apporté. Mais à la suite de mon accouchement, je ne me reconnaissais plus et je ne me plaisais plus. Il a donc réellement fallu que j'apprenne à manger différemment pour me retrouver. Le défi était de taille car je suis, et je resterai toute ma vie, une très grande gourmande.

J'ai commencé à cuisiner, pour moi et ma famille. Fini les *fast-foods* et la nourriture transformée. Je voulais prendre soin de mon corps en lui offrant des repas sains et équilibrés tout en me faisant plaisir ! J'ai compris qu'un régime strict était perdu d'avance et que j'allais devoir réapprendre à manger de A à Z. Je n'avais jamais aussi bien mangé de ma vie et mon corps me remerciait.

J'ai finalement réussi à atteindre mes objectifs avec ma perte des kilos de grossesse sans aucune frustration mais surtout, grâce à une prise de conscience profonde. J'ai pas mal partagé sur cette perte de poids, les défis qu'elle entraînait et les recettes que je me concoctais, avec vous, sur les réseaux sociaux. Et vous avez adoré. Les premières recettes que j'ai imaginées, vous les connaissez déjà, puisqu'elles sont toutes dans *Jestatouille* 1.

Pour ma seconde grossesse, les choses étaient donc différentes. Bien évidemment, comme cette seconde grossesse était proche de la première et que mes deux enfants étaient de beaux bébés bien portants, mon corps avait été une nouvelle fois chamboulé et mis à rude épreuve. Mais grâce à une alimentation gourmande, mais saine et équilibrée, j'ai pris 15 kilos au lieu de 28, et c'était déjà une petite victoire pour moi. Tout était différent, car j'avais appris à bien manger. Sans me mettre la pression, je me suis plongée dans l'élaboration de nouvelles recettes qui constituent à présent ce second livre *Jestatouille*.

L'objectif reste le même : améliorer votre alimentation car l'alimentation, c'est 80 % du travail. Et pour les 20 % qui restent, qui mieux que Benoît, mon mari, qui a été un sportif de haut niveau (en équipe de France de football étant jeune), et a gagné *Koh-Lanta*, pour vous donner des conseils ? Le livre commence donc par des exercices sportifs dans lesquels vous pourrez piocher pour vous créer une routine. Cette petite remise en forme douce est là pour vous donner envie de bouger à nouveau, de vous remettre au sport et de vous aider à accélérer le processus.

Des exercices de sport simples, sans matériel et à faire chez soi pour tous les niveaux.

Ce n'est pas un programme sportif, ni un programme alimentaire que je vous propose ici, car je n'aime pas la notion d'avoir un début et une fin. Pour moi, le principal est de changer son quotidien, ses habitudes, de les ajuster selon son corps, ses capacités, ses objectifs et ses besoins, qui sont toujours différents d'une personne à une autre. Autre précision : je ne suis pas cuisinière de métier. Les quantités et les temps de cuisson sont donc parfois un peu approximatifs, selon ce que j'ai sous la main et le temps dont je dispose. N'hésitez pas à vous approprier les recettes, à les adapter, à les tester et à les modifier… elles sont pour vous !

Avec ce livre, vous avez toutes les cartes en main pour devenir la meilleure version de vous-même – ensuite, concernant la motivation, vous êtes seul·e décisionnaire.

Les exercices de sport

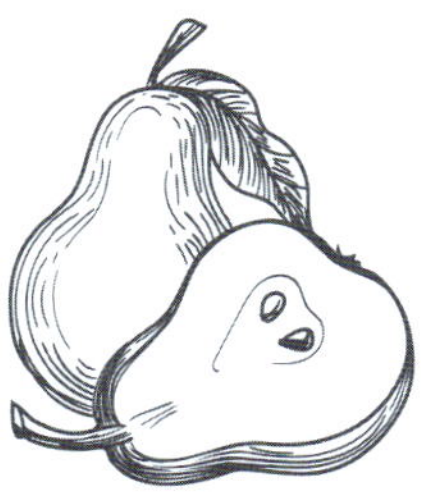

Je suis Benoît Assadi, le mari de Jesta. Je partage son quotidien et j'ai, comme elle, eu besoin à des moments de ma vie de me remettre en forme, en m'appuyant sur l'alimentation ou le sport. Parfois en quête de performance, durant mon passé de sportif de haut niveau (en équipe de France de foot des moins de 17 ans, centre de formation de foot du FC Lorient) ou pour ma participation à *Koh-Lanta* en 2016, que j'ai remporté ; parfois juste pour m'entretenir et rester en forme, à la suite de la naissance de nos deux fils, qui m'ont valu deux couvades bien généreuses.

J'ai compris, à travers ces périodes de ma vie, que le sport et l'alimentation sont pour moi deux choses indispensables à la remise en forme. C'est pourquoi je voulais vous présenter des exercices simples et efficaces à faire au quotidien. Attention, ce sont des recommandations qui ne vous permettront pas d'atteindre une performance à proprement parler, mais elles seront idéales pour une reprise d'activité physique en douceur. Vous pouvez vous appuyer sur les pages suivantes pour créer votre routine personnalisée et retrouver le goût de bouger, petit à petit. Et surtout, elles accompagnent parfaitement les recettes de Jesta pour améliorer votre corps et votre manière de vivre sans vous frustrer.

L'aspect psychologique sera le réel objectif de ces exercices car, en installant cette routine quotidienne, vous aurez toujours ce rappel qui vous poussera à bien manger par la suite. (« Si je fais ça, ce n'est pas pour manger n'importe quoi », « Je vais bien manger ce soir, car demain matin, je fais mes exercices je ne veux pas me sentir lourd·e pour les faire ».)

Puis, lorsque vous vous sentirez prêt·e·s à aller plus loin, n'hésitez pas à contacter un coach sportif, à vous inscrire à un cours qui vous plaît...

Qui plus est, avec les recettes de Jesta, vous aurez plus d'énergie, ce qui vous permettra d'être de plus en plus en forme pour vos exercices. Et inversement, lorsque vous serez plus en forme lors de vos exercices, vous voudrez encore manger mieux... Bref, c'est un cercle vertueux facile à mettre en place !

Et ça commence dès le réveil avec **1 minute de respiration-relaxation**.

Pas besoin d'antécédents sportifs, vous pouvez partir de zéro, le plus important est la routine à installer !

RESPIRATION-RELAXATION

1 ▶ Baissez-vous doucement en allant chercher vos pieds avec vos mains (sans forcer, on vient de se réveiller) pendant 10 secondes. Laissez vraiment tomber vos bras.

2 ▶ Redressez-vous doucement et tendez les bras vers le haut pour vous étirer.

Durant votre réveil musculaire et respiratoire, rappelez-vous ce qui vous motive, prenez du recul. L'idée est d'entamer la journée motivé·e, détendu·e, avec votre objectif en tête. Et c'est parti pour une journée au top !

▶ Durant ces deux étapes, prenez de grandes inspirations, douces mais longues.

▶ Répétez ces étapes 3 fois.

Exercices pour les jambes

1 SQUATS

1 ▶ Espacez vos pieds à largeur d'épaules en les gardant parallèles, pointes légèrement vers l'extérieur.

2 ▶ Gardez le dos droit puis fléchissez les deux genoux en même temps jusqu'à former un angle de 90° et que vos cuisses soient parallèles au sol.

ASTUCE

Regardez droit devant vous pour ne pas vous pencher en avant et veillez à ce que vos genoux ne dépassent pas la pointe de vos pieds.

3 ▶ Poussez dans les talons pour remonter et répétez l'exercice le plus de fois possible durant le temps que vous vous imposez.

2 FENTES

1 ▶ Espacez vos pieds comme si vous preniez le départ d'une course, l'un devant l'autre, légèrement décalés pour garder votre équilibre.

ATTENTION

Lorsque vous êtes en position basse, votre genou ne doit pas dépasser la pointe de votre pied.

1

2

2 ▶ Tout en gardant le dos droit, fléchissez le genou arrière presque jusqu'au sol. Votre genou avant se retrouve plié à 90°.

3 ▶ Poussez dans vos cuisses pour remonter. Et répétez l'effort en plaçant l'autre jambe devant. Alternez à chaque fois jambe droite et jambe gauche.

3 FESSIERS (1)

1

1 ▶ Mettez-vous à 4 pattes, les mains sous les épaules et les genoux sous les hanches. Maintenez votre dos droit.

CONSEIL

Restez gainé.e tout au long de l'exercice : aspirez votre nombril, rentrez le ventre. Ne montez pas trop haut votre jambe pour ne pas vous cambrer.

2

2 ▶ Décollez un genou du sol en essayant de garder le bassin stable et remontez la jambe en gardant le genou plié à 90°, comme si vous vouliez toucher le plafond avec le plat du pied. Seule la jambe doit bouger.

3 ▶ Reposez le genou doucement. Alternez les jambes à chaque fois durant le temps que vous vous imposez.

4 FESSIERS (2)

1 ▶ Mettez-vous à 4 pattes, les mains sous les épaules et les genoux sous les hanches. Maintenez votre dos droit.

2 ▶ Décollez un genou du sol en essayant de garder le bassin stable et levez la jambe sur le côté (comme pour imiter l'attitude d'un chien qui fait pipi !). Votre genou doit rester plié à 90° du début à la fin.

1

2

3 ▶ Reposez le genou doucement. Alternez les jambes à chaque fois durant le temps que vous vous imposez.

CONSEIL

Restez gainé·e tout au long de l'exercice : aspirez votre nombril, rentrez le ventre. Essayez de penser à bien ouvrir le genou et pas la cuisse.

5 CHAISE

ASTUCE

Si l'exercice est trop dur, remontez un peu, augmentez l'angle de flexion.

1 ▶ Placez-vous contre un mur, les genoux à largeur d'épaules.

2 ▶ Fléchissez à 90° comme si vous vouliez vous asseoir sur une chaise invisible.

3 ▶ Tenez en gardant le dos bien collé au mur.

Exercices pour les abdos

CONSEIL

Restez gainé·e tout au long de l'exercice, contractez vos abdominaux et rentrez le ventre.

1 OBLIQUES

1 ▸ Allongez-vous sur le dos, jambes pliées, pieds à plat sur le sol.

2 ▸ Posez votre cheville droite sur votre genou gauche.

3 ▸ Décollez légèrement les épaules du sol.

4 ▸ Allez toucher votre genou droit avec votre coude gauche. Tout le buste doit aller chercher le genou, pas seulement le bras !

5 ▸ Reposez le buste, décroisez les jambes et recommencez de l'autre côté.

Alternez à chaque fois gauche et droite.

2 DROITS

1 ▶ Allongez-vous sur le dos, jambes pliées, pieds à plat sur le sol.

2 ▶ Décollez légèrement les épaules et faites glisser vos mains depuis le bas de vos cuisses jusqu'aux genoux en montant le buste, bien évidemment.

CONSEIL

Restez gainé·e tout au long de l'exercice, contractez vos abdominaux et rentrez le ventre. Expirez en montant et inspirez en descendant.

3 ▶ Reposez le buste délicatement et répétez l'exercice durant le temps que vous vous imposez.

3 OBLIQUES AVION

CONSEIL

Restez gainé·e tout au long de l'exercice, contractez vos abdominaux et rentrez le ventre. Ne tirez pas trop sur votre nuque.

1 ▶ Allongez-vous sur le dos, jambes pliées, pieds à plat sur le sol.

2 ▶ Décollez légèrement les épaules du sol et allez d'abord toucher votre cheville droite avec votre main droite, puis votre cheville gauche avec votre main gauche.

▶ Répétez l'exercice durant le temps que vous vous imposez.

3 GAINAGE FACE

1

ATTENTION

Attention à ne pas creuser ni bomber le dos. Aspirez le nombril pour engager les abdos et, surtout, n'oubliez pas de respirer !

1 ▶ Placez-vous en appui sur les avant-bras, coudes sous les épaules, jambes tendues, le dos bien plat.

2 ▶ Alignez épaules, fesses et pieds de façon à former une planche et maintenez cette position.

2

Si c'est trop dur, il est possible d'effectuer cet exercice en posant les genoux au sol.

4 GAINAGE CÔTÉ

1 ▸ C'est la même idée que le gainage de face, mais… sur le côté : en appui sur un avant-bras et de profil, levez les fesses, jambes tendues.

Si jamais cet exercice est trop difficile, vous pouvez poser les genoux ou les hanches au sol, voire les fesses. Gérez-vous ! C'est pour vous !

1

2 ▸ Alignez épaules, fesses et pieds de façon à former une planche et maintenez cette position.

ASTUCE

Essayez de rester droit·e, sans pencher en avant ou en arrière. Vous pouvez tendre le bras au plafond pour garder votre équilibre. Et respirez !

2

Exercices cardio

CONSEIL

Restez gainé·e et contrôlez la vitesse de vos mouvements.

1 JUMPING JACK

1

2

3

1 ▶ Commencez debout, les pieds serrés, les bras ouverts. Sautez et écartez les jambes en même temps que vous claquez des mains au-dessus de votre tête.

2 ▶ Sautez et resserrez vos jambes en même temps que vous écartez vos bras jusqu'à ce que votre corps forme une croix.

3 ▶ Continuez l'exercice durant le temps que vous vous imposez. L'exercice est dynamique avec la répétition des sauts.

2 MONTÉE DE GENOUX

1

1 ▶ Debout, montez un genou à 90°.

> **ASTUCE**
>
> Essayez de faire le moins de bruit possible avec vos pieds, cela amortira le choc et l'exercice n'en sera que plus difficile.

2

Aidez-vous du bras opposé au genou pour être en équilibre et coordonné·e : si le genou gauche monte, le bras droit monte.

2 ▶ Puis montez l'autre genou le plus rapidement possible, comme si vous couriez sur place.

3 CORDE À SAUTER

Si vous n'avez pas de corde à sauter ou pas de place pour en faire chez vous, imitez le geste avec les bras et les jambes. Amusez-vous !

▶ Sur une jambe, sur les deux, alternez, faites comme vous le sentez : ça doit rester un plaisir.

4 BOXE

▶ Debout, fixez vos pieds au sol, parallèles, à la largeur de vos épaules.

▶ Les mains partent de la joue puis le bras finit tendu !

CONSEIL

Contrôlez votre mouvement : vous devez être dynamique mais gainé·e. Contractez les abdos le plus possible.

Finissez votre séance cardio en relâchant toute la pression, en vous défoulant sur ce que vous avez à extérioriser ! À fond, simulez des frappes du gauche puis du droit.

Exercices de stretching

1 ISCHIOS

ASTUCE

Respirez lentement et longtemps lors des étirements, vous gagnerez de nombreux centimètres.

1 ▸ Commencez assis, dos droit, jambes tendues.

2 ▸ Penchez-vous en avant et allez chercher vos pieds pour les attraper avec vos mains. Enroulez votre nuque.

Vous devez sentir l'étirement dans l'arrière des cuisses et des mollets.

2 QUADRI

1 ▶ Mettez-vous sur les genoux, le dos bien droit.

ASTUCE

Regardez droit devant vous pour ne pas pencher en avant ou en arrière.

2 ▶ Attrapez dans votre dos l'une de vos chevilles, puis ramenez-la vers votre fesse.

Vous devez sentir l'étirement dans la partie avant de la cuisse.

3 PSOAS

1 ▶ Commencez à genoux.

2 ▶ Faites un grand pas en avant, genou plié à 90°, jambe de derrière légèrement décalée en arrière sur le genou.

3 ▶ Poussez votre bassin vers l'avant.

Vous devez sentir l'étirement au niveau du bassin et de la jambe arrière.

1

2

ATTENTION

Veillez à ce que votre genou avant ne dépasse pas la pointe du pied.

4 ADDUCTEURS

1

ASTUCE

Pour sortir de l'étirement, refermez vos genoux comme un livre, en vous aidant de vos mains.

1 ▶ Asseyez-vous sur les fesses, le dos bien droit.

2 ▶ Pliez les jambes et joignez vos plantes de pieds, en essayant de pousser vos genoux vers le sol.

2

Vous devez sentir l'étirement à l'intérieur des cuisses.

5 FESSIERS

1

2

3

1 ▶ Commencez assis, dos droit, jambes tendues.

2 ▶ Rabattez l'une de vos jambes et posez le pied à l'extérieur de la jambe tendue.

3 ▶ Avec votre bras, poussez votre jambe pliée vers l'extérieur.

▶ **Alternez les jambes.**

Vous devez sentir l'étirement dans votre fessier.

6 DOS

1 ▸ Mettez-vous à genoux et posez vos fesses sur vos talons.

2 ▸ Penchez-vous en avant, collez votre buste au sol et allez chercher le plus loin possible avec vos bras tendus vers l'avant.

1

Vous devez sentir l'étirement dans votre dos.

2

7 ABDOS

ATTENTION

Cet étirement peut faire mal au dos, allez-y doucement.

1 ▶ Allongez-vous sur le ventre.

2 ▶ Prenez appui sur les mains, et soulevez le buste, bras tendus.

3 ▶ Courbez votre dos jusqu'à ce que vous puissiez regarder le plafond.

Vous devez sentir l'étirement dans vos abdominaux.

L'idée est vraiment de faire le plus de répétitions possible quel que soit le temps choisi. Puisque vous n'allez faire qu'une série de chaque exercice, allez-y à fond !

L'important, c'est d'adapter la durée et la répétition des exercices selon vos objectifs. Cela peut aller de 10 secondes par exercice (faites le plus de répétitions possible durant les 10 secondes) jusqu'à votre limite : 1 min, 1 min 30 secondes, ou plus.

Il vaut toujours mieux faire 20 répétitions en 30 secondes que 20 répétitions en 1 min : psychologiquement, vous ferez du sport moins longtemps. Et sur la durée, vous serez toujours motivé·e pour faire vos séances, sachant que l'ensemble ne dure que quelques minutes. Mais ce n'est pas toujours possible, la forme n'est pas toujours au rendez-vous, et si, parfois, vous faites moins de mouvements que prévu, ce n'est pas grave !

Appliquez le même temps de récupération que votre temps de travail. Par exemple : 15 secondes de squats = 15 secondes de récupération ; 15 secondes de fentes = 15 secondes de récupération. Et ainsi de suite pour la chaîne du bas du corps.

Soupes, tapas, salades

Soupe patate douce coco

Cette soupe est ma chouchoute ! Incroyablement réconfortante, elle égaye nos soirées d'hiver passées devant la cheminée. Le lait de coco apporte de la douceur à cette soupe, et même mes enfants en raffolent !

Pour 2 personnes
15 min de préparation
30 min de cuisson

1 grosse patate douce

3 carottes

200 ml de lait de coco

1 cube de bouillon de légumes

Curry en poudre

Gingembre frais

Sel, poivre

Matériel

Mixeur

1 Épluchez la patate douce et les carottes. Coupez la patate douce en gros morceaux et les carottes en petits morceaux. Pelez et coupez le gingembre en petits morceaux. Faites-les cuire dans une casserole d'eau bouillante pendant environ 30 min.

2 Égouttez les légumes et placez-les dans le mixeur, ajoutez le lait de coco, le cube de bouillon et 1 pincée de curry en poudre. Incorporez de l'eau de cuisson petit à petit, jusqu'à obtenir la consistance désirée. Concernant le curry et le gingembre, faites varier les quantités en fonction de vos goûts.

3 Mixez le tout, salez, poivrez et dégustez.

En plus de rendre le plat plus onctueux, le lait de coco est très riche en fibres, ce qui lui donne un effet coupe-faim. C'est également une excellente alternative au lait animal.

Soupe à la tomate

Pour 2 personnes

15 min de préparation

30 min de cuisson

2 grosses tomates cœur de bœuf mûres

2 cuil. à soupe de concentré de tomates

1 pomme de terre

1 gousse d'ail

½ oignon

1 gros poivron rouge

1 cube de bouillon de légumes dilué dans 300 ml d'eau bouillante

Quelques feuilles de basilic

Ail semoule

Paprika en poudre

1 cuil. à café d'huile de coco

Sel, poivre

Matériel

Mixeur

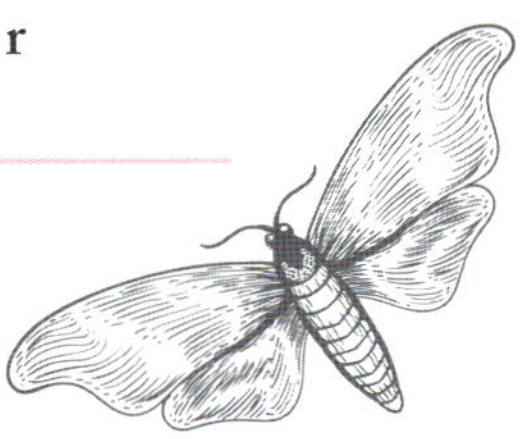

Ce que j'adore avec cette soupe, c'est qu'on peut la cuisiner toute l'année ! Je peux la préparer en hiver pour me réchauffer (avec des tomates en boîte), comme en été pour la boire façon gaspacho (avec des tomates fraîches). Son goût est complètement différent suivant les tomates que l'on choisit, alors que la recette est la même !

1 Épluchez et coupez la pomme de terre, l'ail et l'oignon en gros morceaux. Lavez et coupez le poivron en deux. Enlevez les pépins et coupez-le en lamelles. Faites chauffer l'huile de coco dans une poêle et faites cuire le tout à feu moyen durant quelques minutes.

2 Pendant ce temps, lavez et coupez les tomates en petits dés. Une fois que les légumes sont dorés, ajoutez les dés de tomates et poursuivez la cuisson pendant environ 10 min.

3 Ajoutez le concentré de tomates et le bouillon de légumes dilué. Laissez mijoter pendant quelques minutes.

4 En fin de cuisson, ajoutez quelques feuilles de basilic, 1 pincée d'ail semoule et de paprika.

5 Mixez le tout, salez, poivrez et dégustez.

Le paprika est une épice qui a de nombreux bienfaits ! Il stimule la digestion et favorise une bonne circulation sanguine.

Soupe froide feta, menthe et basilic

Cette soupe me donne l'impression d'avoir mixé une salade bien fraîche qu'on pourrait manger en terrasse en plein été !

1 Épluchez et coupez grossièrement les courgettes et l'oignon rouge. Faites-les cuire dans une casserole d'eau bouillante pendant environ 20 min.

2 Égouttez les légumes et laissez-les refroidir. Placez-les dans le mixeur avec la feta, les feuilles de menthe et de basilic.

3 Mixez le tout avec les glaçons, salez et poivrez. Ajoutez de l'eau de cuisson froide jusqu'à obtenir la consistance désirée et mixez à nouveau avant de déguster.

La feta ne compte que 77 calories pour 30 g (contre, par exemple, 125 calories pour 30 g de comté).

Pour 2 personnes

10 min de préparation

20 min de cuisson

100 g de feta

3 courgettes

1 oignon rouge

Quelques feuilles de menthe et de basilic

Une poignée de gros glaçons

Sel, poivre

Matériel

Mixeur

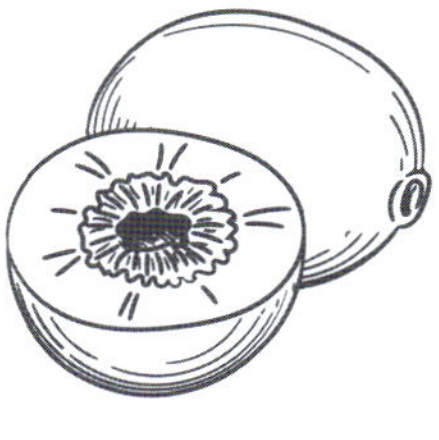

Soupe chou-fleur, brocoli et parmesan

Pour 4 personnes
15 min de préparation
20 min de cuisson

½ chou-fleur

1 tête de brocoli

2 échalotes

1 gousse d'ail

20 cl de boisson végétale à l'amande

50 g de parmesan

Sel, poivre

Matériel

Mixeur

Pour Benoît, qui déteste les légumes, cette recette avait tout d'un cauchemar ! Mais grâce à la boisson végétale à l'amande et au parmesan, c'est devenu l'une de ses soupes coups de cœur.

1 Lavez et coupez grossièrement le chou-fleur et le brocoli. Épluchez et coupez en gros morceaux les échalotes et l'ail. Faites-les cuire dans une casserole d'eau bouillante pendant environ 20 min.

2 Égouttez les légumes et placez-les dans le mixeur avec la boisson végétale à l'amande et le parmesan.

3 Mixez le tout, incorporez petit à petit de l'eau de cuisson jusqu'à obtenir la consistance désirée. Salez, poivrez et dégustez.

En plus d'être digérée plus facilement, la boisson végétale à l'amande est bien moins calorique que le lait de vache.

Soupe poireaux, panais, petits pois, soja

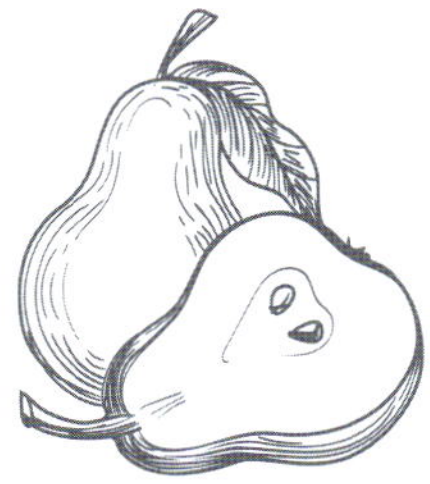

Pour 2 personnes

20 min de préparation

30 min de cuisson

2 panais

2 blancs de poireaux

1 oignon

100 g de petits pois en conserve

20 cl de Soja Cuisine®

Curcuma en poudre

Noix muscade

1 cuil. à café d'huile de coco

Sel, poivre

Matériel

Mixeur

J'adore ajouter du curcuma dans mes soupes. Cela change du curry et les vertus de cette épice sont différentes. Elle relève le goût des légumes et apporte une jolie couleur à la soupe.

1 Épluchez les panais, coupez-les en gros morceaux. Coupez les poireaux en grosses rondelles puis rincez-les. Faites cuire les légumes dans une casserole d'eau bouillante pendant environ 30 min.

2 Pelez et émincez l'oignon. Faites fondre l'huile de coco dans une casserole et faites-y revenir l'oignon avec les petits pois. Quand ils sont légèrement dorés, incorporez le Soja Cuisine®, ajoutez 1 pincée de curcuma et laissez mijoter à feu doux quelques minutes.

3 Égouttez les panais et les poireaux, et placez-les dans le mixeur. Ajoutez les petits pois au soja.

4 Râpez un peu de noix muscade, salez, poivrez, et mixez le tout. Vous pouvez ajouter un peu d'eau de cuisson jusqu'à obtenir la consistance désirée.

Le Soja Cuisine® est une préparation végétale à base de soja qui ne contient ni lactose ni gluten. C'est une excellente alternative à la crème fraîche car elle contient deux fois moins de calories.

Brochettes de saumon sauté

Pour 4 personnes
20 min de préparation
5 min de cuisson

300 g de saumon très frais

1 gros concombre

Graines de sésame

Graines de chia

1 cuil. à café d'huile d'olive

Sel, poivre

Pour la sauce

2 cuil. à soupe d'huile de sésame

10 cl de sauce soja sucrée

3 cuil. à café de miel

Matériel

Environ 30 piques en bois

Je raffole de ces brochettes, je pourrais ne manger que ça lors des apéritifs entre amis. Et pour mon plus grand malheur… il faut les partager !

1 Épluchez le concombre. Coupez le saumon et le concombre en petits dés de 2 cm de côté.

2 Confectionnez les brochettes en alternant dés de saumon et de concombre.

3 Faites chauffer l'huile d'olive dans une poêle ou sur une plancha et faites saisir rapidement les brochettes sur toutes les faces en les retournant souvent. Attention à ne pas trop les faire cuire.

4 Dans un petit récipient, mélangez l'huile de sésame, la sauce soja et le miel.

5 Versez la sauce dans une assiette creuse. Trempez-y rapidement les brochettes, puis saupoudrez-les de graines de sésame et de chia. Servez bien frais, c'est meilleur !

L'huile de sésame est riche en bonnes graisses qui aident à diminuer le taux de cholestérol dans le sang.

Mini-sandwichs de concombre

Frais et croustillants, ces mini-sandwichs sont dévorés en quelques minutes quand je les pose sur la table !

1 Épluchez le concombre et coupez-le en rondelles. Disposez-les sur du papier absorbant et faites dégorger pendant environ 30 min. Coupez les tranches de viande des Grisons en quatre.

2 Montez les sandwichs en superposant une rondelle de concombre, une noisette de fromage frais, de la viande des Grisons et, pour finir, une nouvelle rondelle de concombre.

3 Saupoudrez de graines de sésame que vous pouvez faire torréfier quelques minutes dans une poêle posée sur feu vif, sans matière grasse.

Avec 140 calories pour 100 g, la viande des Grisons est trois fois moins grasse que le jambon cru !

Pour 4 personnes

10 min de préparation

30 min de repos

---

2 concombres

6 tranches de viande des Grisons

10 fromages frais 0 % type Carré Frais®

Graines de sésame

Sel, poivre

Brochettes croquantes à la grecque

Pour 4 personnes
25 min de préparation
25 min de cuisson

2 brocolis frais

5 champignons de Paris

2 grosses courgettes

2 oignons

1 poivron

10 cl de vin blanc sec

Le jus de 1 citron

2 cuil. à café d'huile de coco

Sel, poivre

Matériel

Piques en bois

À poids égal, le brocoli contient deux fois plus de vitamine C que l'orange ! C'est un légume très riche en fibres et très pauvre en glucides.

Ces brochettes aux légumes ont une histoire : c'est une amie végétarienne qui m'a demandé de trouver une idée de tapas croquantes et sans viande pour nos soirées entre copines. Croyez-moi, elle est ravie !

1 Lavez et découpez en morceaux d'environ 1,5 cm la tête de brocoli ainsi que le pied (en retirant les morceaux trop durs).

2 Lavez et émincez les champignons. Lavez, pelez et coupez en rondelles épaisses les courgettes et les oignons. Lavez le poivron, coupez-le en deux, épépinez-le et détaillez-le en lanières ou en morceaux.

3 Faites cuire les branches de brocolis dans une casserole d'eau bouillante jusqu'à ce qu'elles soient tendres.

4 Pendant ce temps, faites fondre 1 cuil. à café d'huile de coco dans une poêle et faites sauter quelques minutes les oignons, les courgettes, les poivrons et les champignons. Ajoutez ensuite le vin blanc et le jus de citron.

5 Portez à petite ébullition, laissez mijoter 5 min, puis réservez les légumes et leur sauce hors de la poêle. Égouttez les fleurettes de brocoli.

6 Réalisez les brochettes en alternant les légumes sur les piques selon vos envies, puis refaites-les sauter dans la poêle avec 1 cuil. à café d'huile de coco. Les autres légumes, que vous n'utilisez pas, constitueront la sauce.

7 Pour finir, laissez les brochettes mariner dans leur sauce pendant quelques minutes. Salez et poivrez avant de servir.

Tartare de cabillaud frisé

Grâce à cette recette, j'ai réussi à faire manger des feuilles de chou vert à mon mari, ce n'était pas une mince affaire !

1 Mixez rapidement le cabillaud – pas trop longtemps pour garder un peu de texture.

2 Mettez le poisson dans un saladier, ajoutez la crème puis mélangez. Ajoutez le jus de citron vert, 1 pincée de paprika, du sel et du poivre et mélangez. Placez la préparation au réfrigérateur le temps de préparer la suite.

3 Coupez les feuilles de chou en deux.

4 Faites-les cuire quelques minutes dans de l'eau bouillante salée. Une fois les feuilles cuites *al dente*, passez-les rapidement sous de l'eau froide une par une et égouttez-les.

5 Confectionnez 16 boulettes de tartare de poisson et enveloppez-les à moitié dans les demi-feuilles de chou. Saupoudrez à nouveau de paprika et salez. C'est prêt !

Le cabillaud est un poisson très facile à digérer qui contient peu de graisses. Vous pouvez le consommer sous toutes ses formes, sans modération !

Pour 4 personnes

20 min de préparation

10-15 min de cuisson

400 g de filet de cabillaud frais (sans peau ni arêtes)

8 feuilles de chou vert frisé

25 cl de crème allégée

Le jus de 1 citron vert

Paprika en poudre

Sel, poivre

Matériel

Mixeur

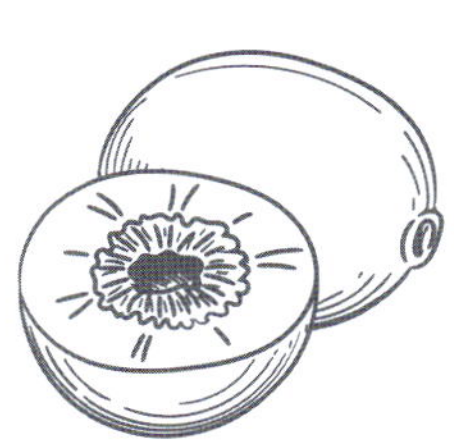

Wraps romains

Pour 4 personnes

15 min de préparation

700 g de laitue romaine (ou sucrine)

300 g de fromage blanc 0 %

1 boîte de thon au naturel (environ 300 g)

Le jus de 1 citron

10 tomates cerise

1 concombre

2 avocats

Quelques brins de persil ciselé

Paprika en poudre

Sel, poivre

La feuille de laitue est une alternative fraîche et saine à une tranche de pain. Cette recette a beaucoup surpris mes copines au début, mais elles en sont fans à présent !

1 Lavez et ciselez le persil. Dans un saladier, mélangez le fromage blanc avec le thon et le persil ciselé. Incorporez le jus de citron, puis salez et poivrez.

2 Lavez et coupez les tomates cerise en deux. Épluchez et coupez le concombre en petits morceaux. Ajoutez-les au fromage blanc.

3 Coupez les avocats en deux, retirez leur noyau et coupez la chair en lamelles. Lavez la laitue en séparant délicatement les feuilles pour les garder entières.

4 Pour réaliser les wraps, placez au milieu de chaque feuille de laitue 1 cuil. à soupe de la préparation au fromage blanc et 1 lamelle d'avocat sur le dessus. Roulez les feuilles pour leur donner une forme de wraps.

5 Disposez les wraps sur un plateau, saupoudrez de paprika et dégustez frais.

La sucrine est une laitue dite « grasse », donc elle se conserve assez difficilement ! Je vous conseille de la laisser au réfrigérateur 5 jours au maximum pour ne pas perdre son côté croustillant.

Galettes de brocoli

Préparer les légumes sous forme de galettes, c'est la meilleure technique pour en faire manger à mes enfants !

Pour 4 personnes

20 min de préparation

1 h de cuisson

- 1 brocoli
- 100 g de farine complète
- 50 g de poudre d'amandes
- 2 œufs
- 50 g de parmesan
- 2 gousses d'ail
- Quelques brins de persil
- Sel, poivre

1 Lavez le brocoli, détaillez-le en fleurettes que vous ferez cuire dans de l'eau bouillante pendant 30 min pour qu'elles soient bien fondantes. Pendant ce temps, épluchez et pressez l'ail ; lavez et ciselez le persil.

2 Une fois les fleurettes cuites, égouttez-les et émincez-les. Placez-les dans un saladier et ajoutez la farine, la poudre d'amandes, les œufs, le parmesan, l'ail pressé et le persil ciselé. Mélangez. Salez et poivrez.

3 Préchauffez le four à 180 °C (th. 6). Formez des boulettes avec vos mains et placez-les sur une plaque recouverte de papier sulfurisé. Pensez à les espacer un peu et à les aplatir légèrement.

4 Enfournez pour 30 min. Laissez refroidir un peu avant de servir.

Vous pouvez aussi faire cuire les galettes 20 min à la poêle avec un peu de matière grasse.

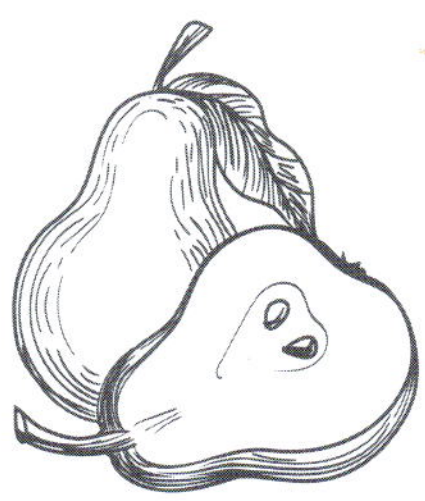

En plus de donner un super goût aux plats, l'ail possède de nombreuses vertus antibactériennes et antimicrobiennes. On dit aussi qu'il est très bon pour le cœur !

Roulés au thon

Pour 4 personnes

10 min de préparation

1 boîte de thon au naturel (environ 300 g)

2 concombres

1 oignon rouge

4 fromages frais 0 % type Carré Frais®

Le jus de 1 citron jaune

Quelques brins de basilic

1 cuil. à café d'huile d'olive

Sel, poivre

Matériel

Cure-dents

J'aurais pu appeler cette recette « sushis à la Jesta » ! Ce mélange de saveurs est l'un de mes préférés : le thon relevé par l'acidité du citron et le basilic, le tout enroulé dans un concombre croquant, j'adore !

1 Épluchez les concombres puis utilisez un économe pour les détailler en lamelles. (Si vous ne trouvez pas le coup de main avec l'économe, réalisez de fines lamelles avec un couteau.)

2 Épluchez l'oignon rouge et ciselez-le très finement. Lavez et ciselez le basilic.

3 Mélangez le fromage frais avec le thon, l'oignon et le basilic ciselés, le jus de citron et l'huile d'olive.

4 Étalez cette farce au thon sur les lamelles de concombre posées à plat et roulez-les. Plantez un cure-dent dans chaque roulé pour faciliter la dégustation.

Le concombre est l'un des légumes les plus riches en eau : plus de 95 % de son poids en est composé ! Cru et sans sa peau, c'est une source importante de cuivre, un nutriment nécessaire à la formation du collagène. Consommer du concombre est donc bon pour la peau !

Samoussas aux crevettes

Au début, c'était un défi pour moi de plier les feuilles de brick… Maintenant, je suis une pro ! Petite astuce : ne mettez pas trop de farce par samoussa car le pliage et difficile quand il y en a trop !

Pour 4 personnes

30 min de préparation

30 min de cuisson

200 g de crevettes décortiquées

2 petites courgettes

1 boîte de coulis de tomates (environ 300 g)

Une vingtaine de feuilles de brick

1 cuil. à café d'huile de coco

Sel, poivre

1 Coupez les crevettes décortiquées en petits morceaux. Épluchez et coupez finement les courgettes.

2 Faites fondre l'huile de coco dans une poêle et faites cuire les courgettes et les crevettes à feu doux pendant quelques minutes. Une fois qu'elles sont cuites, ajoutez le coulis de tomates et laissez mijoter quelques minutes supplémentaires.

3 Préchauffez le four à 180 °C (th. 6). Préparez les feuilles de brick en les coupant en deux (une demi-feuille par samoussa).

4 Procédez au montage des samoussas : pliez la moitié de feuille de brick en deux pour former une bande. Déposez 1 cuil. à café de préparation à une extrémité puis repliez un coin de la feuille par-dessus, en triangle. Repliez la partie avec la farce au fur et à mesure, toujours en rabattant le coin jusqu'à former un samoussa (je vous recommande de visionner un tuto sur YouTube, c'est très simple à réaliser et, une fois que vous avez le pli, c'est très rapide !).

5 Disposez les samoussas sur une plaque recouverte de papier sulfurisé et enfournez-les pour 20 min.

Pour plus de saveurs, privilégiez un coulis de tomates maison !

Pour 4 personnes

15 min de préparation

20 min de cuisson

3 grosses patates douces

5 fromages frais 0 % type Carré Frais®

5 tranches de saumon fumé

Quelques brins de ciboulette

Le jus de 1 citron vert

Huile d'olive

Sel, poivre

Toasts de patate douce

Cette recette est mon péché mignon, mais sain ! J'adore utiliser la patate douce à la place d'un toast classique.

1 Épluchez les patates douces. Coupez-les, dans la longueur, en lamelles d'environ 1 cm d'épaisseur. Lavez et ciselez la ciboulette.

2 Préchauffez le four à 200 °C (th. 6-7). Placez les lamelles à plat, les unes à côté des autres, sur une plaque recouverte de papier sulfurisé. Badigeonnez légèrement chaque lamelle d'huile d'olive, salez, poivrez et enfournez pour 20 min. À la fin de la cuisson, vous devez pouvoir enfoncer facilement la pointe d'un couteau dans la chair. Laissez refroidir.

3 Étalez un peu de fromage frais sur chacune, puis répartissez le saumon fumé, un peu de ciboulette et un filet de jus de citron.

Il est possible de remplacer le saumon fumé par de la truite fumée. Personnellement, je ne sens aucune différence !

Mini-burgers au cheddar

Encore une recette où la patate douce remplace le pain ! Si, comme moi, vous n'aviez pas convaincu votre famille avec la première recette, je vous assure que celle-ci fera l'unanimité !

Pour 4 personnes (8 mini-burgers)

25 min de préparation

25 à 30 min de cuisson

2 steaks hachés (5 % de M.G.)

2 grosses patates douces

4 tranches de cheddar

2 tomates

8 petites feuilles de salade

Huile d'olive

Sel, poivre

1 Épluchez les patates douces. Coupez-les, dans la largeur, en 16 rondelles d'environ 1 cm d'épaisseur.

2 Préchauffez le four à 200 °C (th. 6-7). Placez les rondelles à plat, les unes à côté des autres, sur une plaque recouverte de papier sulfurisé. Badigeonnez légèrement chaque rondelle d'huile d'olive et enfournez pour 20 min.

3 Pendant ce temps, faites cuire les steaks hachés à la poêle quelques minutes suivant vos goûts (saignants, à point, bien cuits...). Coupez chacun d'entre eux en quatre portions identiques. Coupez les tranches de cheddar en deux et posez 1 portion de cheddar sur chaque steak pour qu'elle fonde légèrement.

4 Lavez et coupez les tomates en rondelles.

5 Une fois les rondelles de patates douces cuites, sortez-les du four.

6 Réalisez les burgers : sur une rondelle de patate douce, placez 1 rondelle de tomate, 1 portion de steak haché avec du fromage, 1 petite feuille de salade et refermez avec 1 rondelle de patate douce.

Privilégiez les steaks hachés contenant 5 % de matière grasse, ils sont meilleurs pour la santé.

Salade d'asperges et petits pois

Pour 4 personnes
25 min de préparation
30 min de cuisson

1 botte d'asperges vertes fraîches

400 g de petits pois fins surgelés

200 g de mâche

40 g d'amandes effilées

100 g de copeaux de parmesan

Huile d'olive

Sel, poivre

Pour la sauce

2 pots de fromage blanc 0 % (environ 150 g)

1 cuil. à café de moutarde

½ oignon rouge

¼ de botte de ciboulette

Moi qui raffole des légumes verts, je suis complètement fan de cette salade ! Les petits pois se marient à merveille avec les asperges, et les amandes effilées apportent un côté croquant que j'adore.

1 Préchauffez le four à 180 °C (th. 6). Lavez et épluchez les asperges, puis placez-les dans un plat allant au four et versez un filet d'huile d'olive dessus. Enfournez pour environ 30 min.

2 Quand les asperges sont cuites, retirez la partie la plus dure au bout.

3 Pendant la cuisson des asperges, faites cuire les petits pois dans de l'eau bouillante salée pendant 5 min environ.

4 Lavez la mâche et placez-la dans un saladier ; ajoutez les petits pois égouttés et les asperges. Saupoudrez d'amandes effilées.

5 Préparez la sauce : dans un bol, mélangez le fromage blanc et la moutarde. Épluchez l'oignon rouge et émincez-le. Lavez et émincez la ciboulette. Incorporez le tout au fromage blanc.

6 Versez la sauce sur la salade et ajoutez les copeaux de parmesan. Salez, poivrez et mélangez : c'est prêt !

7 Assaisonnez avec votre vinaigrette habituelle ou simplement du jus de citron, du sel et du poivre si vous souhaitez une version encore plus *light*.

L'asperge est l'aliment détox par excellence ! Elle stimule l'élimination rénale et limite également la rétention d'eau. Elle regorge en outre de vitamine B9, recommandée pour les femmes enceintes !

Salade de crevettes marinées

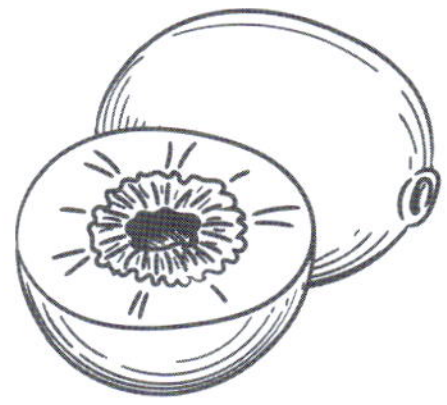

Pour 2 personnes

15 min de préparation

15 min de cuisson

30 min de marinade

200 g de crevettes cuites décortiquées

1 oignon rouge

Le jus et le zeste de 1 citron

50 g de lentilles vertes

½ concombre

2 carottes

1 avocat mûr

20 radis (environ)

Paprika en poudre

Sel, poivre

Parmi toutes les variétés de lentilles, les vertes sont mes favorites. En salade ou chaudes, je les adore !

1 Pelez et ciselez finement l'oignon rouge.

2 Placez les crevettes dans un sac de congélation. Ajoutez l'oignon rouge, le jus et le zeste de citron ainsi qu'une pincée de paprika. Fermez le sachet, secouez et laissez mariner 30 min au réfrigérateur.

3 Pendant ce temps, faites cuire les lentilles vertes environ 15 min dans une casserole d'eau bouillante. Égouttez-les et laissez-les refroidir.

4 Épluchez et taillez en lamelles le concombre, les carottes et l'avocat. Lavez et coupez les radis en lamelles également. Versez les crevettes marinées dans un saladier, ajoutez les légumes et mélangez.

5 Assaisonnez avec votre vinaigrette habituelle ou simplement du jus de citron, du sel et du poivre si vous souhaitez une version très *light*.

Pour un goût encore plus prononcé, vous pouvez laisser les crevettes mariner depuis la veille au soir !

Taboulé oriental

Pour 2 personnes
10 min de préparation
15 min de cuisson

100 g de quinoa

½ oignon rouge

15 tomates cerise

100 g de feta

½ concombre

40 g de cranberries séchées

Quelques feuilles de menthe

Sel, poivre

Les cranberries sont des fruits connus pour stimuler le bon cholestérol.

Cette recette me fait voyager ! La menthe et les cranberries apportent des saveurs que je n'ai pas l'habitude de retrouver dans les salades.

1 Faites cuire le quinoa selon les indications sur le paquet et laissez refroidir.

2 Épluchez et hachez l'oignon ; lavez et coupez en dés les tomates cerise ; coupez la feta en dés ; épluchez le concombre et coupez-le en dés également.

3 Mélangez le tout avec le quinoa cuit. Ajoutez les cranberries et quelques feuilles de menthe finement ciselées.

4 Assaisonnez avec votre vinaigrette habituelle ou simplement du jus de citron, du sel et du poivre si vous souhaitez une version très *light*.

Photo BD

Buddha bowl protéiné

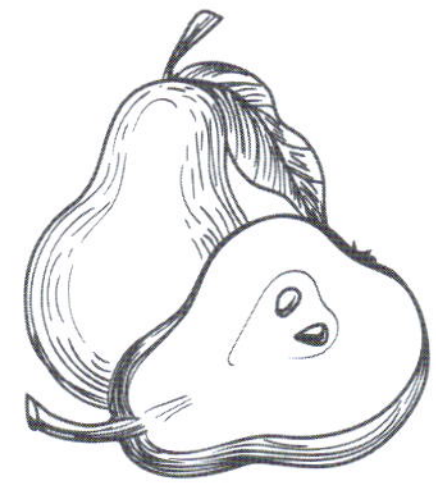

Cette recette est mon repas idéal pour le midi ! Fraîche et complète, elle est parfaite quand je souhaite reprendre de l'énergie et attaquer la seconde partie de la journée.

Pour 2 personnes

15 min de préparation

30 min de cuisson

- 2 petites patates douces
- 70 g de pois chiches cuits en conserve
- 70 g de haricots rouges cuits en conserve
- 2 œufs
- 1 avocat
- 1 poignée de noix de cajou
- Cumin en poudre
- Sel, poivre

1 Préchauffez le four à 200 °C (th. 6-7). Épluchez, lavez et coupez en petits dés les patates douces. Saupoudrez d'un peu de cumin, de sel et de poivre, et disposez-les sur une plaque recouverte de papier sulfurisé et enfournez pour 30 min.

2 Mettez les pois chiches et les haricots rouges à chauffer dans une casserole à feu doux quelques minutes, puis égouttez-les. Rincez-les ensuite à l'eau froide.

3 Faites cuire les œufs dans l'eau bouillante pendant 9 min, puis passez-les sous l'eau froide pour stopper la cuisson.

4 Épluchez et dénoyautez l'avocat, puis coupez la chair en morceaux.

5 Placez, dans deux grands bols ou assiettes creuses, dans l'ordre : les patates douces, les pois chiches, les haricots rouges, l'avocat, les œufs durs coupés en deux. Répartissez les noix de cajou.

6 Assaisonnez avec votre vinaigrette habituelle ou simplement du jus de citron, du sel et du poivre si vous souhaitez une version très *light*.

Le buddha bowl est l'alternative végétarienne au poke bowl qui, lui, contient du poisson !

Salade sucrée/salée

Pour 4 personnes
15 min de préparation

2 pamplemousses roses

3 pommes granny-smith

3 avocats

200 g de carottes râpées

Graines de sésame

Sel, poivre

Cette recette est un véritable *shot* de vitamines ! J'ai volontairement choisi les pommes granny-smith pour leur acidité, mais vous pouvez évidemment adoucir cette salade avec des Pink Lady® !

1 Pelez les pamplemousses et séparez-les en quartiers.

2 Pelez et coupez les pommes et la chair des avocats en lamelles et mélangez-les aux pamplemousses.

3 Dans un plat, disposez d'abord les carottes râpées puis ajoutez 1 lamelle d'avocat, 1 lamelle de pomme et 1 quartier de pamplemousse. Répétez l'opération à plusieurs reprises pour obtenir une jolie présentation. Parsemez de graines de sésame.

4 Assaisonnez avec votre vinaigrette habituelle ou simplement du jus de citron, du sel et du poivre si vous souhaitez une version très *light*.

Le pamplemousse est un fruit très peu calorique et très riche en vitamine C.

Salade de riz complet et chou frisé

J'avais envie d'une salade de riz un peu plus originale que celles que l'on trouve habituellement ! J'ai eu cette idée un soir et je l'ai testée un petit peu au hasard ; elle a fini par beaucoup me plaire !

Pour 4 personnes

20 min de préparation

30 min de cuisson

20 min de marinade

2 escalopes de poulet

Le jus et le zeste de 1 citron

2 aubergines

1 poivron rouge

300 g de riz complet

½ chou rouge frisé

Curry en poudre

Huile d'olive

Sel, poivre

1 Coupez en petits dés les escalopes de poulet. Placez-les dans un sachet de congélation avec le jus et le zeste de citron, 2 cuil. à soupe d'eau et 1 cuil. à soupe de curry. Secouez pour mélanger et faites mariner pendant environ 20 min au réfrigérateur.

2 Préchauffez le four à 180 °C (th. 6). Épluchez et coupez en rondelles les aubergines, lavez, épépinez et coupez le poivron en lamelles. Disposez-les sur une plaque recouverte de papier sulfurisé, salez, poivrez et versez un filet d'huile d'olive. Enfournez pour environ 20 min.

3 Faites cuire le riz complet en suivant les indications sur le paquet et laissez refroidir.

4 Lavez et coupez le chou en fines lamelles. Mélangez-le au riz complet froid dans un grand saladier.

5 Dans une poêle, faites cuire des dés de poulet marinés à feu doux, avec le reste de marinade.

6 Une fois que les aubergines, les poivrons et le poulet sont cuits, ajoutez-les dans le saladier. Mélangez bien.

7 Assaisonnez avec votre vinaigrette habituelle ou simplement du jus de citron, du sel et du poivre si vous souhaitez une version très *light*.

Le riz complet a un léger goût de noisette qui est tout simplement délicieux en salade.

Salade fruitée à la mozzarella

Pour 4 personnes
10 min de préparation

- 2 mangues
- 2 boules de mozzarella
- 1 oignon rouge
- 20 framboises fraîches
- Quelques cerneaux de noix

J'adore ajouter des touches fruitées à mes salades ! Cette-ci est une de mes favorites car je suis une fan du mélange mangue-mozzarella.

1 Dénoyautez et pelez les mangues, puis coupez-les en petits dés. Coupez en dés les mozzarellas. Pelez et émincez finement l'oignon rouge.

2 Nettoyez les framboises fraîches. Concassez grossièrement les cerneaux de noix.

3 Mélangez tous les éléments et saupoudrez de noix concassées.

4 Assaisonnez avec votre vinaigrette habituelle ou simplement du jus de citron, du sel et du poivre si vous souhaitez une version très *light*.

Les noix sont remplies de magnésium et ce minéral peut avoir des vertus relaxantes et améliorer la qualité de votre sommeil.

Salade de lentilles vertes à l'orientale

Je fais partie de la *team* qui adore la coriandre et je ne m'en cache pas ! Bien sûr, si vous n'aimez pas cette herbe, vous pouvez la remplacer par du basilic ou de la menthe, selon vos goûts.

1 Faites cuire les lentilles en suivant les indications sur le paquet puis faites-les refroidir.

2 Pelez et émincez finement l'oignon rouge. Lavez, épépinez et coupez en fines lamelles le poivron et le piment. Lavez la mâche. Lavez et ciselez les feuilles de coriandre.

3 Mélangez les lentilles avec la mâche et les crudités préparées. Ajoutez la coriandre, 2 pincées de cumin et les raisins secs.

4 Assaisonnez avec votre vinaigrette habituelle ou simplement du jus de citron, du sel et du poivre si vous souhaitez une version très *light*.

Vous pouvez conserver votre bouquet de coriandre dans le bac à légumes du réfrigérateur ou bien dans un verre d'eau !

Pour 4 personnes

15 min de préparation

15 min de cuisson

200 g de lentilles vertes

1 oignon rouge

1 poivron rouge

1 piment doux

100 g de mâche

Quelques brins de coriandre fraîche

1 citron

1 petite poignée de raisins secs

Cumin en poudre

Sel, poivre

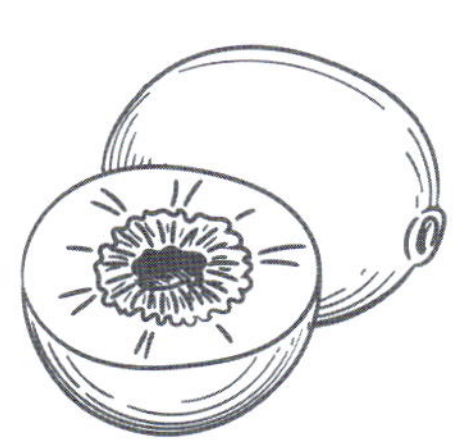

Pour 4 personnes

15 min de préparation

20 min de cuisson

100 g de lentilles vertes

300 g de fleurettes de chou-fleur

50 g de radis

1 salade frisée

100 g de feta

100 g de dés de jambon

Sel, poivre

Pour la sauce

100 g de fromage blanc 0 %

1 cuil. à café de moutarde

Quelques brins de ciboulette

Le jus de ½ citron

1 cuil. à café d'huile d'olive

Salade frisée, fleurs de lentilles

En plus d'être belle, cette salade est excellente, je ne m'en lasse pas !

1 Faites cuire les lentilles, selon les indications sur le paquet et les fleurettes de chou-fleur, 15 à 20 min dans de l'eau bouillante salée. Égouttez et laissez refroidir.

2 Lavez et coupez les radis en fines lamelles. Lavez et essorez la salade.

3 Préparez la sauce : ciselez la ciboulette. Mélangez bien tous les ingrédients, salez et poivrez.

4 Dans chaque assiette, placez un peu de salade frisée, des lentilles et du chou-fleur froid, puis ajoutez les lamelles de radis, la feta émiettée et les dés de jambon. Nappez de sauce : c'est prêt !

Le radis est une crudité très peu calorique qui ne contient que 14 calories pour 100 g, alors faites-vous plaisir !

Salade de riz sucré de la mer

Je sais que vous allez penser que ce mélange est étrange… mais testez-le, et vous m'en direz des nouvelles !

Pour 4 personnes
15 min de préparation
15 min de cuisson

200 g de riz complet

125 g d'ananas en conserve

2 kiwis

10 bâtonnets de surimi

200 g de crevettes cuites décortiquées

150 g de maïs en conserve

1 Faites cuire le riz complet selon les indications sur le paquet puis passez-le sous l'eau froide pour qu'il refroidisse rapidement.

2 Égouttez et coupez en petits dés l'ananas. Épluchez et coupez les kiwis en dés. Détaillez les bâtonnets de surimi en dés également.

3 Placez le riz froid dans un saladier puis ajoutez l'ananas, le kiwi et le surimi, les crevettes décortiquées entières et enfin le maïs.

4 Assaisonnez avec votre vinaigrette habituelle ou simplement du jus de citron, du sel et du poivre si vous souhaitez une version très *light*.

Si vous ne raffolez pas de l'acidité, privilégiez le kiwi jaune qui est plus doux.

Plats

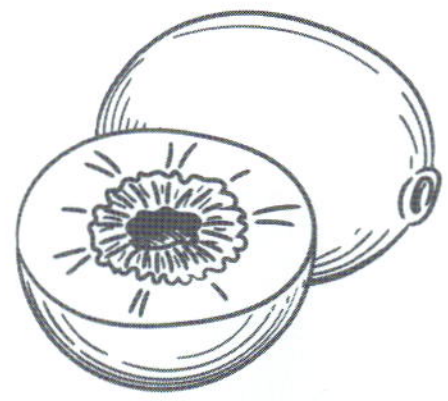

Saumon en papillote

C'est la recette préférée de ma sœur. Chaque fois qu'elle me rend visite, elle m'écrit plusieurs jours avant pour me rappeler d'acheter du saumon car elle attend impatiemment de manger mes papillotes. Accompagnée de pommes de terre vapeur, cette recette est excellente !

Pour 4 personnes

15 min de préparation

25 min de cuisson

- 4 escalopes de saumon (environ 130 g chacune)
- 3 tomates
- 1 aubergine
- 3 courgettes
- Herbes de Provence
- Gros sel, poivre

1 Lavez et coupez en petits dés les tomates, l'aubergine et les courgettes.

2 Préchauffez le four à 180 °C (th. 6). Découpez quatre rectangles de papier d'aluminium. Disposez au centre de chacun une escalope de saumon et répartissez les légumes. Saupoudrez d'herbes de Provence, de gros sel et de poivre.

3 Refermez les papillotes et enfournez pour environ 25 min.

La règle d'or de la cuisson en papillote est que le papier alu soit bien fermé, il ne doit y avoir aucune entrée d'air !

Cabillaud à la crème de gingembre

Pour 4 personnes
25 min de préparation
40 min de cuisson

1 gros chou vert

3 gousses d'ail

4 filets de cabillaud (environ 150 g chacun)

1 briquette de crème liquide (12 % de M.G.)

1 morceau de gingembre frais

Sel, poivre

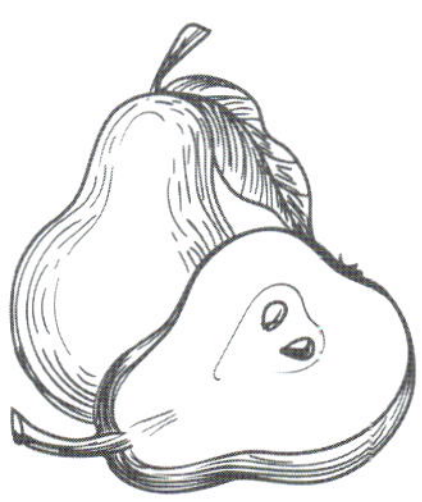

Petite, je détestais le gingembre, son goût ne me plaisait pas du tout... Aujourd'hui, je l'adore ! Dans une sauce, en thé, ou râpé au-dessus d'un plat, c'est un vrai délice. J'en ajoute régulièrement dans mes recettes, je suis devenue une grande fan !

1 Nettoyez et coupez en fines lamelles le chou. Pelez les gousses d'ail.

2 Placez le chou et les gousses d'ail dans une cocotte avec 1 grand verre d'ecu chaude, salez et poivrez. Couvrez et laissez mijoter environ 30 min. Ajoutez un peu d'eau si elle s'évapore trop.

3 Râpez le gingembre et faites-le chauffer avec la crème dans une casserole, à feu doux.

4 Dans la cocotte où le chou cuit, dans un panier adapté, ajoutez, sur le dessus, les filets de cabillaud puis refermez. Pour que le cabillaud reste tendre, laissez-le cuire environ 10 min.

5 Filtrez la crème pour retirer les bouts de gingembre.

6 Placez les feuilles de chou et le cabillaud dans un plat de service. Versez dessus la crème au gingembre et le tour est joué.

Le gingembre est l'aliment parfait pour vous donner un coup de fouet en cas de fatigue passagère ! Il booste le système immunitaire et favorise la digestion.

Courgettes rondes farcies thon-ricotta

Pour 4 personnes

20 min de préparation

1 h de cuisson

4 courgettes rondes

200 g de ricotta

350 g de thon nature en boîte

2 oignons rouges

Herbes de Provence

Huile d'olive

Sel, poivre

Un jour, j'ai voulu faire des courgettes farcies mais je n'avais plus rien au réfrigérateur… Finalement, en prenant les restes, j'ai improvisé cette recette et j'en suis ravie !

1 Préchauffez le four à 180 °C (th. 6). Coupez les chapeaux des courgettes et creusez l'intérieur pour pouvoir y mettre la farce. Épluchez et émincez finement les oignons.

2 Dans un saladier, mélangez la ricotta, le thon et les oignons (vous pouvez faire rissoler ces derniers quelques minutes dans une poêle avec un filet d'huile d'olive avant de les mélanger avec le fromage). Assaisonnez-les avec quelques pincées d'herbes de Provence, le sel et le poivre.

3 Fourrez les courgettes avec la farce thon-ricotta, placez-les dans un plat en verre avec un fond d'eau et versez un filet d'huile d'olive.

4 Enfournez pour 1 h et servez chaud.

La ricotta est un fromage très faible en calories, alors profitez-en ! Si vous avez bon appétit, doublez les quantités et prévoyez 2 courgettes par personne.

Pour 4 personnes

15 min de préparation

20-25 min de cuisson

Boulettes de cabillaud

4 pavés de cabillaud frais ou surgelés

1 œuf

5 cuil. à soupe de farine

2 cuil. à café de curry

2 oignons rouges

300 g de coulis de tomates

Herbes de Provence

Huile de coco

Sel, poivre

Le cabillaud est très riche en oméga-3, également appelé le bon cholestérol.

Vous connaissez certainement ma passion pour le poisson... Le cabillaud est l'un de mes favoris. Ces boulettes sont devenues incontournables dans mes repas !

1 Écrasez les pavés de cabillaud à l'aide d'une fourchette (après les avoir laissés décongeler s'ils étaient surgelés). Placez-les dans un saladier et ajoutez les œufs, la farine et le curry. Salez, poivrez et mélangez bien. Formez des boulettes à l'aide de vos mains (propres).

2 Pelez et émincez les oignons.

3 Dans une poêle avec un filet d'huile de coco, faites revenir les oignons. Quand ils sont translucides, ajoutez les boulettes de cabillaud pour les faire dorer quelques minutes à feu doux. Ajoutez enfin le coulis de tomates et quelques pincées d'herbes de Provence et laissez mijoter jusqu'à ce que la sauce ait bien réduit.

4 Servez avec une poêlée de légumes, par exemple.

Poisson pané aux flocons d'avoine

Une autre recette, un autre poisson ! J'ai voulu trouver une alternative aux poissons panés dont raffolent mes enfants et je suis sûre que vous allez adorer.

1 Mixez légèrement les flocons d'avoine.

2 Coupez les filets de colin en deux ou trois afin d'obtenir des morceaux de 5 cm environ.

3 Dans trois assiettes séparées, placez la farine, les œufs battus et les flocons d'avoine mixés. Préchauffez le four à 180 °C (th. 6).

4 Versez un filet de miel sur les morceaux de colin et roulez-les dans l'assiette de farine, puis celle des œufs et, pour finir, celle des flocons d'avoine.

5 Placez les morceaux de poisson sur une plaque recouverte de papier sulfurisé et versez de l'huile d'olive par-dessus avant d'enfourner pour 20 min.

La panure à base de flocons d'avoine ajoutera un côté croustillant à votre recette !

Pour 4 personnes
25 min de préparation
20 min de cuisson

500 g de filets de colin

150 g de flocons d'avoine

50 g de farine

2 œufs

Miel liquide

Huile d'olive

Matériel

Mixeur

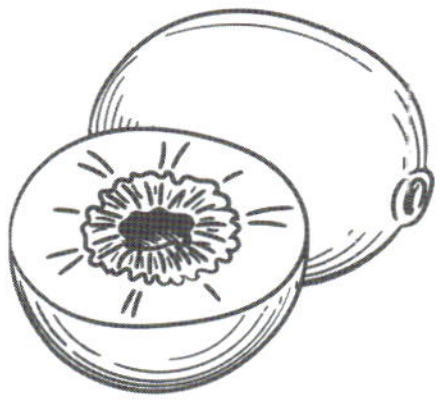

Paupiettes de poulet

Pour 2 personnes

25 min de préparation

40 min de cuisson

2 blancs de poulet (environ 150 g chacun)

200 g de champignons de Paris

2 échalotes

Quelques brins d'estragon frais

Concentré de tomates (environ 3 cuil. à soupe rases)

Huile de coco

Sel, poivre

Matériel

Ficelle alimentaire

Dans notre famille, le poulet est une passion. Je me suis alors mise au défi de trouver une recette saine qui intègre cet aliment, tout en privilégiant évidemment le goût, et c'est une réussite !

1 Ouvrez les blancs de poulet pour les affiner, mais surtout ne les détachez pas.

2 Nettoyez les champignons de Paris, retirez les pieds et coupez les chapeaux en lamelles fines. Pelez et émincez finement les échalotes. Lavez et ciselez l'estragon.

3 Faites cuire les champignons dans une poêle avec l'huile de coco, les échalotes et l'estragon. Salez, poivrez. Comptez une dizaine de minutes.

4 Aplatissez bien la viande et placez au centre la farce de champignons, puis enroulez bien. Fermez les paupiettes avec de la ficelle alimentaire.

5 Faites fondre un peu d'huile de coco dans une sauteuse et faites-y dorer les paupiettes sur toutes les faces.

6 Diluez le concentré de tomates dans un petit verre d'eau chaude avec du sel et du poivre. Versez-le sur les paupiettes et laissez mijoter à feu doux et à couvert pendant environ 30 min. N'hésitez pas à ajouter un peu d'eau ou de concentré de tomates si le liquide s'évapore trop.

Naturellement tendre et peu gras, le poulet est une viande maigre qui contient un faible taux de lipides. Privilégiez bien sûr le poulet bio pour respecter le bien-être animal, mais aussi préserver votre santé !

Chou cantonais

Si on avait dit à la Jesta enfant qu'un jour elle mangerait du chou et des petits pois en même temps, elle aurait hurlé ! Aujourd'hui, je suis fan de ce genre de plat.

1 Lavez le chou-fleur et séparez les fleurettes. Hachez-les très finement (idéalement au robot).

2 Faites cuire le chou-fleur haché avec les petits pois à la poêle avec un peu d'huile de coco pendant quelques minutes. Faites fondre le cube de bouillon dans un verre d'eau chaude et ajoutez-le à la poêle au bout de quelques minutes de cuisson.

3 Pendant ce temps-là, lavez et ciselez le persil.

4 Préparez une omelette en battant les œufs avec un fouet. Salez, poivrez et ajoutez le persil ciselé. Faites fondre un peu d'huile de coco dans une poêle et versez les œufs pour les faire cuire quelques minutes. Quand l'omelette est à votre goût, ôtez-la du feu et coupez-la en petits morceaux.

5 Une fois les légumes cuits, ajoutez les dés de jambon et l'omelette coupée en morceaux dans la poêle et mélangez.

6 Ajoutez de la sauce soja selon votre goût et dégustez.

Le chou-fleur est rempli de vitamine C, qui contribue à la santé des os et des dents ! Alors, même si vos enfants n'aiment pas, ça vaut le coup d'insister !

Pour 4 personnes

20 min de préparation

25 min de cuisson

---

1 chou-fleur

150 g de petit pois frais ou surgelés

1 cube de bouillon

4 œufs

250 g de dés de jambon

Quelques brins de persil frais

Sauce soja (sucrée ou salée selon vos goûts)

Huile de coco

Sel, poivre

Pour 2 personnes

15 min de préparation

40 min de cuisson environ

100 g de quinoa

2 escalopes de poulet

1 gousse d'ail

1 oignon

250 g de champignons de Paris

150 g d'épinards surgelés

2 cubes de bouillon de légumes (< 25 % de sel)

1 cuil. à café de parmesan

Huile de coco

Sel, poivre

Risotto version quinoa

Ce risotto de quinoa est devenu un plat phare de mes dimanches en famille. Tout le monde en redemande !

1 Coupez le poulet en petits dés. Pelez et émincez finement l'ail et l'oignon. Lavez et coupez les champignons. Sortez les épinards du congélateur pour les laisser décongeler.

2 Faites revenir l'oignon et l'ail dans un peu d'huile de coco, dans une marmite. Ajoutez le quinoa, préalablement rincé, et laissez cuire 1 à 2 min en mélangeant.

3 Faites fondre les cubes de bouillon dans 1,5 litre d'eau bouillante, dans une grande casserole que vous laisserez sur feu doux tout au long de la cuisson.

4 Versez un peu de bouillon chaud dans la marmite qui contient le quinoa et mélangez jusqu'à l'absorption. Répétez l'opération en ajoutant le bouillon petit à petit jusqu'à ce que le quinoa soit tendre et fondant (cela prend 25 min environ).

5 Faites suer les champignons dans une poêle à part avec un peu d'huile. Lorsque l'eau s'est évaporée, faites de même avec les épinards. Ajoutez ensuite les dés de poulet et faites-les dorer.

6 Mélangez les champignons, les épinards et le poulet avec le quinoa et servez avec un peu de parmesan.

Le quinoa est plus pauvre en glucides que le riz, c'est donc une super alternative pour varier ses recettes !

Gratin de butternut

La courge butternut est l'un de mes légumes favoris et je trouve ce gratin à tomber par terre. Ce n'est pas parce qu'on cuisine sainement qu'on ne peut pas se faire plaisir !

Pour 4 personnes

10 min de préparation

45 min de cuisson

1 courge butternut

1 oignon

2 briques de crème liquide (4 % de M.G.)

400 g de dés de jambon

100 g de fromage râpé

Huile d'olive

Sel, poivre

1 Préchauffez le four à 180 °C (th. 6). Épluchez et coupez la courge en dés. Pelez et coupez l'oignon en fines lamelles.

2 Faites blanchir les dés de courge dans un grand volume d'eau salée durant 15 min. Pendant ce temps, faites revenir l'oignon dans une poêle avec un peu d'huile.

3 Disposez la courge et l'oignon dans un plat à lasagne, versez la crème et ajoutez les dés de jambon. Salez, poivrez, mélangez et saupoudrez de fromage râpé.

4 Enfournez pour 30 min.

Vous pouvez remplacer les dés de jambon par des dés de poulet ou bien ne pas en mettre pour une alternative végétarienne !

Steak tartare

Pour 2 personnes

10 min de préparation

2 h de repos

250 g de bœuf haché (5 % de M.G.) dont la date de péremption est éloignée

1 oignon rouge

1 jaune d'œuf

1 cuil. à café de persil haché

1 cuil. à soupe de ketchup

1 cuil. à café de moutarde

1 cuil. à soupe de câpres

Tabasco

Sel, poivre

Pendant une longue période, au restaurant, je ne prenais QUE des steaks tartares ! Maintenant que je me les cuisine seule, j'ai un peu ralenti la cadence, mais je les aime toujours autant !

1 Pelez et émincez finement l'oignon rouge.

2 Placez tous les ingrédients dans un grand bol. Mélangez avec vos mains (propres) et formez deux portions équivalentes.

3 Laissez reposer au minimum 2 h sur une assiette au réfrigérateur, puis servez bien frais.

Selon vos goûts, vous pouvez ne pas mettre de moutarde ou de ketchup dans votre steak tartare. Pensez à prendre une viande dont la date de péremption a une échéance lointaine.

Gratin de poireaux

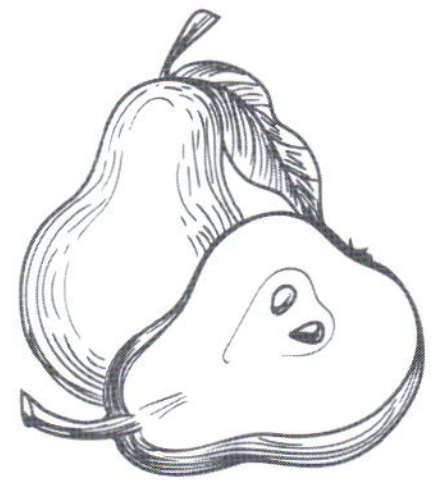

Cette recette est inspirée de ma grand-mère, qui insistait pour me faire manger des poireaux étant petite. Je me souviens avoir longtemps refusé de goûter car les poireaux, ça ne vend pas du rêve… Mais une fois testée, on ne s'en passe plus !

Pour 4 personnes

15 min de préparation

1 h de cuisson

1 kg de poireaux

60 g de comté râpé

5 cuil. à café rases de chapelure

1 cube de bouillon

Huile d'olive

Sel, poivre

1 Coupez les extrémités des poireaux pour ne garder que le blanc. Effeuillez-les et lavez-les sous l'eau, puis coupez-les en petits morceaux.

2 Dans une sauteuse, faites revenir les poireaux à feu doux dans un peu d'huile d'olive avec un fond d'eau chaude et le cube de bouillon pendant environ 45 min.

3 Préchauffez le four à 160 °C (th. 5). Placez les poireaux dans un plat à gratin. Mélangez le comté râpé avec la chapelure et parsemez-en les poireaux.

4 Enfournez pour 15 min.

Le poireau est un aliment léger mais extrêmement rassasiant ! Pour une recette un peu plus gourmande, vous pouvez ajouter 15 cl de crème liquide allégée lorsque vous le faites revenir.

Gratin de macaronis, aubergines et tomates

Je me suis lancé le défi de faire manger plus de légumes à mon fils de 2 ans et demi. Pour lui, rien n'est plus appétissant que du saucisson et des chips… Eh bien, croyez-moi, avec cette recette, j'ai réussi à lui faire manger autre chose et je n'en suis pas peu fière !

Pour 4 personnes
15 min de préparation
40 min de cuisson

---

4 tomates bien mûres

3 aubergines

2 gousses d'ail

1 oignon

120 g de macaronis complets

100 g de fromage râpé

4 cuil. à café d'huile d'olive

Sel, poivre

---

1 Lavez les tomates. Épluchez les aubergines si vous n'aimez pas la peau, sinon lavez-les. Coupez-les en tranches ainsi que les tomates. Pelez et émincez l'ail et l'oignon.

2 Faites revenir l'ail et l'oignon dans une poêle avec de l'huile d'olive jusqu'à ce qu'ils soient translucides. Ajoutez les légumes, mélangez quelques minutes pour les imprégner d'huile, salez et poivrez, et laissez compoter à couvert pendant 20 min environ. Retirez ensuite le couvercle et prolongez la cuisson 10 à 15 min pour que la préparation réduise.

3 Pendant la cuisson des légumes, faites cuire les pâtes en suivant les indications sur le paquet. Il faut qu'elles soient *al dente*, car elles vont passer au four ensuite. Égouttez-les bien. Préchauffez le four à 180 °C (th. 6).

4 Une fois que tout est cuit, mélangez dans un plat à gratin les légumes et les pâtes puis saupoudrez de fromage râpé. Enfournez pour environ 15 à 20 min.

Les pâtes complètes contiennent plus de fibres que les pâtes blanches. Elles renforcent donc la sensation de satiété, ce qui peut être avantageux dans le cadre d'une alimentation équilibrée. Si vous faites énormément de sport, vous allez adorer les pâtes complètes qui ont l'avantage de réduire les risques d'hypoglycémie car elles contiennent des glucides.

Courgettes farcies aux champignons

J'ai mis très longtemps à aimer les champignons. Plus jeune, je n'aimais pas du tout ça... Aujourd'hui, j'en raffole et j'en mets quasi dans tous mes plats !

Pour 4 personnes

15 min de préparation

20 min de cuisson

4 courgettes fermes

350 g de champignons de Paris

1 gousse d'ail

Quelques brins de ciboulette

1 cuil. à soupe de moutarde

Le jus de 1 citron

20 cl de crème liquide (4 % de M.G.)

1 cuil. à soupe d'huile d'olive

Sel, poivre

1 Lavez les courgettes et faites-les cuire entières pendant environ 10 min dans de l'eau bouillante. Une fois cuites, laissez-les tiédir.

2 Pendant ce temps, retirez les queues des champignons. Lavez ces derniers puis hachez-les. Pelez et émincez l'ail, lavez et ciselez la ciboulette.

3 Dans un bol, mélangez les champignons, l'ail et la ciboulette avec la moutarde, le jus de citron, l'huile d'olive et la crème. Salez et poivrez. Faites revenir ce mélange dans une poêle à feu doux pendant 10 min.

4 Coupez les courgettes en deux dans la longueur et creusez la chair avec une petite cuillère. Farcissez-les avec le mélange aux champignons et servez aussitôt.

La courgette est un excellent antioxydant qui est également très riche en eau, c'est pour cela qu'on recommande de retirer les pépins avant la cuisson.

Pour 2 personnes
20 min de préparation
45 min de cuisson

2 patates douces

1 oignon rouge

3 poivrons (1 rouge, 1 jaune, 1 vert)

50 g de cheddar (en tranches)

Pour le guacamole

1 avocat

1 cuil. à soupe de fromage blanc 0 %

Le jus de 1 citron

Paprika en poudre

Sel, poivre

Tex mex de patate douce

J'ai toujours adoré la cuisine tex mex ! Le guacamole, le chili, les épices… Tout ce que j'aime !

1 Préchauffez le four à 180 °C (th. 6). Coupez la patate douce en rondelles de 5 cm d'épaisseur environ. Placez-les sur une plaque recouverte de papier sulfurisé, salez, poivrez et enfournez pour 40 min.

2 Pelez et émincez l'oignon. Lavez, épépinez et émincez les poivrons puis réservez.

3 Préparez le guacamole : pelez, dénoyautez l'avocat puis écrasez la chair avec une fourchette dans un bol. Ajoutez le fromage blanc, le jus de citron, salez, poivrez et saupoudrez de paprika selon vos goûts.

4 Une fois les patates douces cuites, répartissez les tranches de cheddar sur le dessus et repassez quelques minutes au four afin que le fromage fonde.

5 Une fois le cheddar fondu, retirez les patates douces du four. Déposez-les dans deux assiettes, ajoutez dessus les crudités et le guacamole : c'est prêt à être dégusté.

La patate douce est pauvre en calories et très riche en fibres. Elle est parfaite pour une alimentation moins grasse.

Spaghettis courgettes-feta

J'adore parsemer mes recettes de feta !

1 Coupez la feta et les tomates séchées en dés. Épluchez les courgettes et réalisez des spaghettis avec votre économe, comme si vous épluchiez la chair.

2 Dans une poêle, faites revenir les spaghettis de courgettes avec un peu d'huile de coco, pendant quelques minutes.

3 Ajoutez le coulis de tomates, les pignons de pin et les tomates séchées et laissez réduire une quinzaine de minutes.

4 À la fin de la cuisson, ajoutez la feta et le basilic. Mélangez, c'est prêt.

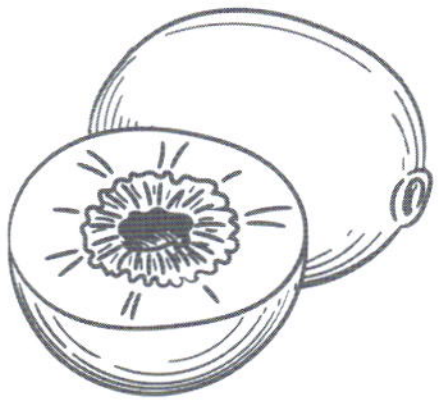

Les pignons de pin sont très riches en bon gras. Ils ajoutent également du croustillant à vos recettes !

Pour 2 personnes

10 min de préparation

20 min de cuisson

600 g de courgette

100 g de feta

50 g de tomates séchées

300 g de coulis de tomates

1 petite poignée de pignons de pin

Quelques feuilles de basilic

Huile de coco

Sel, poivre

Desserts

Bouchées gourmandes aux fruits

Pour 4 personnes
10 min de préparation
10 min de cuisson
20 min de repos

Je suis une grande fan de fruits, depuis toujours ! Entiers, en compote, en smoothie, je pourrais ne manger que ça. Associés à du beurre de cacahuètes et du chocolat fondu, c'est une folie !

- 1 banane
- 1 pomme
- 1 poire
- 5 fraises
- 70 g de chocolat noir (70 % de cacao)
- 70 g de beurre de cacahuètes

1 Pelez et découpez la banane, la pomme et la poire en rondelles assez épaisses. Laissez les fraises intactes.

2 Dans une casserole, faites fondre à feu doux le chocolat noir avec un tout petit peu d'eau.

3 Disposez les morceaux de fruits coupés et les fraises sur une grande assiette et ajoutez 1 petite cuil. à café de beurre de cacahuètes sur chaque fruit.

4 Versez 1 cuil. à café de chocolat fondu encore chaud sur chaque bouchée et placez au réfrigérateur jusqu'à ce que le chocolat durcisse.
Dégustez bien frais.

Le chocolat noir est connu pour ses vertus antistress... Alors, de temps en temps, on peut se le permettre !

Pour 4 personnes

10 min de préparation

20 min de cuisson

1 banane bien mûre

80 g de flocons d'avoine

50 g de beurre de cacahuètes

1 cuil. à soupe de poudre de coco

1 cuil. à soupe de miel

30 g de pépites de chocolat

Privilégiez une banane bien mûre afin qu'elle soit bien sucrée.

Cookies d'avoine

Vous le savez, j'ai été élevée au beurre de cacahuètes ! Impossible de ne pas proposer au moins une recette qui en contienne.

1 Préchauffez le four à 180 °C (th. 6).

2 Épluchez et écrasez la banane dans un saladier. Ajoutez le reste des ingrédients et mélangez bien.

3 Formez des boules avec vos mains (propres). Disposez-les sur une plaque recouverte de papier sulfurisé et enfournez pour 20 min.

4 Laissez tiédir avant de déguster.

Porridge frais à la coco

Au petit déjeuner ou au goûter, ce muesli frais est une véritable source d'énergie !

1 Dans un bol, mélangez les flocons d'avoine avec le yaourt, la boisson végétale, les graines de chia et le sirop d'agave.

2 Laissez reposer au frais toute la nuit.

3 Avant dégustation, ajoutez les fruits rouges (décongelés), le muesli et un filet de sirop d'agave.

Privilégiez le muesli fait maison afin d'avoir le contrôle sur la quantité de sucre.

Pour 2 personnes

5 min de préparation

1 nuit de repos

150 g de flocons d'avoine

1 yaourt à base de coco

50 ml de boisson végétale de votre choix

20 g de graines de chia

10 g de sirop d'agave

100 g de fruits rouges (je les prends toujours surgelés car c'est plus pratique)

50 g de muesli industriel ou fait maison (voir *Jestatouille* tome 1)

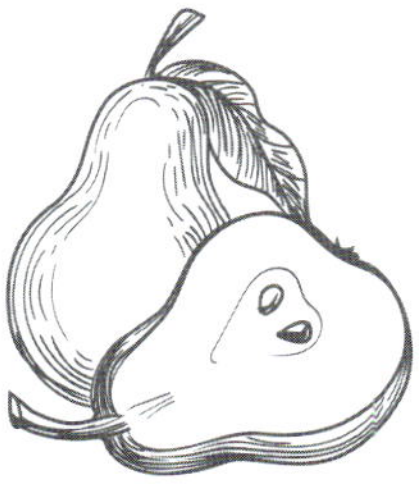

Pour 1 personne

5 min de préparation

2 min de cuisson

50 g de flocons d'avoine

1 œuf

80 ml de boisson végétale de votre choix

30 g de beurre de cacahuètes

1 banane

10 g de graines de chia

1 cuil. à café de sirop d'agave

Bowl cake express

J'avais l'habitude de préparer mes petits déjeuners à base de flocons d'avoine à la casserole mais le matin, je n'aime pas trop m'embêter. Un jour, je me suis dit : « Pourquoi pas essayer la méthode du micro-ondes ? » J'ai un peu tâtonné pour ajuster la puissance et le temps de cuisson, mais j'ai finalement réussi à préparer un petit déjeuner en 5 min chrono !

1 Dans un bol, mélangez les flocons d'avoine, l'œuf et la boisson végétale. Faites cuire au four micro-ondes pendant 2 min.

2 Retournez le bol dans une assiette puis étalez du beurre de cacahuètes sur tout l'arrondi du bowl cake.

3 Épluchez et coupez la banane en fines rondelles et ajoutez-les par-dessus. Saupoudrez de graines de chia et versez un filet de sirop d'agave.

Le sirop d'agave est un excellent substitut au sucre blanc pour sucrer vos salades de fruits, yaourts ou smoothies !

Pancakes

Si vous me connaissez, vous savez que j'adore les petits déjeuners, et surtout, les pancakes ! Dans cette recette, la banane bien mûre remplace le sucre pour conserver la gourmandise de bons pancakes moelleux. Accompagnés d'un peu de beurre de cacahuètes et de quelques fruits, c'est un régal assuré !

1 Mélangez les œufs, la farine de coco, la banane épluchée et écrasée à la fourchette et le yaourt. Incorporez la levure chimique tout en mélangeant encore.

2 Faites chauffer un peu d'huile de coco dans une poêle sur feu doux. Disposez une petite quantité de pâte sur la poêle et laissez cuire. Quand le pancake fait des petites bulles, vous pouvez le retourner.

3 Si votre poêle est assez grande, vous pouvez faire cuire plusieurs pancakes en même temps.

Pour 1 personne

10 min de préparation

10 min de cuisson

2 œufs

70 g de farine de coco

1 banane bien mûre

1 yaourt grec

½ sachet de levure chimique

Huile de coco

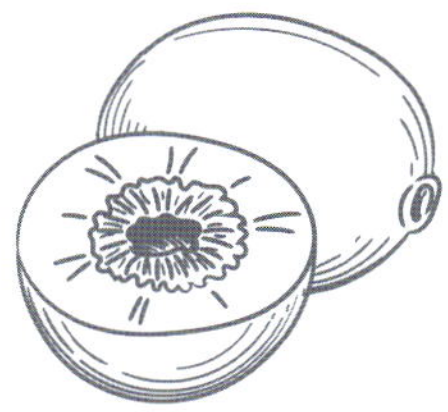

La farine de coco peut convenir à la pâtisserie sans gluten !

Pour 4 personnes

15 min de préparation

5 min de cuisson

1 h de repos
au minimum

10 clémentines

1 orange

4 cuil. à soupe
de miel

1 blanc d'œuf
extra-frais

30 cl de crème allégée

3 sachets de sucre
vanillé

Matériel

Batteur électrique

Crème légère aux agrumes

À la fin d'un repas de famille, cette crème aux agrumes va réveiller vos papilles !

1 Pelez et détachez entièrement les quartiers de clémentines, placez-les dans un saladier.

2 Pressez l'orange et recueillez le jus dans une casserole. Ajoutez le miel et portez à ébullition. Versez le contenu brûlant sur les clémentines. Placez la préparation au réfrigérateur pendant 1 h au minimum.

3 Montez le blanc d'œuf en neige avec le sucre vanillé jusqu'à l'obtention d'une meringue bien ferme. Incorporez délicatement la crème allégée au blanc en neige.

4 Dans une verrine, disposez en premier les quartiers de clémentines et recouvrez avec le mélange de crème. Replacez au réfrigérateur jusqu'à dégustation.

Choisissez de préférence les clémentines à feuilles, qui sont les meilleures !

Îles flottantes à la framboise

Je voulais tester une recette d'île flottante depuis très longtemps, et je n'avais jamais osé me lancer. Finalement, c'est très simple et l'association avec des framboises et du sirop d'agave la rend aussi gourmande que la recette originale.

Pour 4 personnes

20 min de préparation

11 min de cuisson

30 min de repos au minimum

400 g de framboises surgelées + quelques-unes pour le service

40 g de sirop d'agave

½ cuil. à café de vanille en poudre

4 blancs d'œufs

Matériel

Mixeur

Batteur électrique

1 Faites cuire à feu doux dans une casserole les framboises avec le sirop d'agave et un demi-verre d'eau pendant environ 10 min. Mixez le tout.

2 Incorporez la vanille aux blancs d'œufs et montez-les en neige avec un batteur électrique.

3 Faites bouillir de l'eau et ajoutez-y délicatement, à l'aide d'une cuillère à soupe, des boules de blancs en neige. Quelques secondes suffisent pour que les boules gonflent. Sortez-les et laissez-les s'égoutter sur un torchon propre.

4 Versez le coulis de framboises dans quatre bols, puis incorporez dans chacun une boule de blancs en neige cuits sur le dessus. Placez au réfrigérateur pendant 30 min au minimum.

5 Ajoutez quelques framboises entières sur le dessus avec un filet de sirop d'agave avant de servir bien frais.

Vous pouvez également préparer les blancs en neige et les passer au four dans un moule en silicone, pendant 3 min à 180 °C (th. 6) en mode chaleur tournante. Petite astuce pour être sûr que les blancs soient bien montés en neige : il faut pouvoir retourner son saladier sans qu'ils tombent.

Mousse chocolat-myrtille

Pour 4 personnes
20 min de préparation
4 à 5 h de repos

20 cl de boisson végétale de votre choix

1 cuil. à soupe de miel

200 g de chocolat noir (70 % de cacao)

2 jaunes d'œufs

4 blancs d'œufs

250 g de myrtilles surgelées écrasées (ou autres fruits rouges selon vos goûts)

Matériel

Batteur électrique

Je suis une grande fan du mélange chocolat-myrtille ! Cette mousse est mon petit plaisir de fin de repas.

1 Faites chauffer à feu doux la boisson végétale avec le miel dans une casserole.

2 Hachez finement le chocolat noir à l'aide d'un couteau.

3 Placez le chocolat dans un saladier et versez dessus la boisson végétale chaude. Mélangez jusqu'à l'obtention d'une consistance homogène. Si le chocolat n'est pas complètement fondu, vous pouvez le placer dans un bain-marie. Laissez tiédir puis ajoutez les jaunes d'œufs.

4 Dans un saladier, montez les blancs d'œufs en neige afin qu'ils soient bien fermes.

5 Incorporez-les délicatement au chocolat.

6 Dans quatre verrines, réalisez une couche de myrtilles écrasées puis ajoutez de la mousse au chocolat et répétez l'opération plusieurs fois.

7 Placez les verrines au minimum 4 à 5 h au réfrigérateur avant dégustation.

Pour cette recette, choisissez votre boisson végétale préférée : noisette, amande ou avoine, soyez créatif·ve !

Gâteau au chocolat-courgette

Je ne suis pas très gâteaux, mais quand il est question de faire attention, ils deviennent soudain appétissant ! Cette recette permet de satisfaire mes envies de sucre tout en restant *healthy* !

Pour 6 personnes

25 min de préparation

35 à 40 min de cuisson

300 g de courgettes (env. 200 g une fois épluchées)

3 œufs

50 g de chocolat (99 % de cacao)

100 g de chocolat Lindt® (2 % de sucre)

50 g de sucre de coco

½ sachet de levure

30 g de Maïzena®

20 g de son de blé complet

Matériel

Mixeur

Batteur électrique

1 Épluchez les courgettes et mixez-les.

2 Séparez les jaunes et les blancs d'œufs dans des saladiers distincts.

3 Montez les blancs d'œufs en neige jusqu'à ce qu'ils soient bien compacts.

4 Faites fondre les chocolats au bain-marie.

5 Dans un autre saladier, mélangez la courgette mixée, le sucre de coco, la levure, les jaunes d'œufs, la Maïzena®, le son de blé et les chocolats fondus jusqu'à l'obtention d'une pâte homogène.

6 Incorporez les blancs montés en neige délicatement à la pâte. Préchauffez le four à 180 °C (th. 6).

7 Versez la pâte dans un moule à gâteau (en silicone de préférence, pour éviter l'ajout de matière grasse) et enfournez pour 30 min de cuisson.

Les courgettes permettent de ne pas ajouter de matière grasse à vos gâteaux, et le goût est le même !

Pour 6 personnes

20 min de préparation

1 nuit de repos

2 œufs

350 g de skyr
(0 % de M.G.)

40 g de sucre de coco

12 tranches de pain d'épices

8 cuil. à soupe de cacao en poudre

Matériel

Batteur électrique

Tiramisu cacao au skyr 0 %

Mon papa est italien et là-bas, c'est le dessert par excellence ! Je me devais de lui en trouver une version pour lui faire honneur.

1 Séparez les jaunes et les blancs d'œufs dans des saladiers distincts.

2 Montez les blancs en neige afin qu'ils soient bien compacts.

3 Dans un autre saladier, mélangez les jaunes d'œufs, le skyr et le sucre de coco pour obtenir un mélange homogène. Incorporez ensuite les blancs en neige délicatement au mélange.

4 Dans un grand plat, disposez les tranches de pain d'épices et saupoudrez de cacao en poudre. Ajoutez la préparation uniformément par-dessus les tranches et refermez avec des tranches de pain d'épices. Saupoudrez à nouveau de cacao.

5 Placez au réfrigérateur toute une nuit et dégustez le lendemain bien frais.

*Saviez-vous qu'en italien, tiramisu signifie « console-moi » ?
Je trouve ça trop mignon !*

Boissons

Eau aromatisée orange, kiwi, menthe

Cette eau est l'une de mes boissons préférées en été. J'ai l'impression de boire un cocktail rafraîchissant avec la menthe, j'adore !

1 Épluchez l'orange et le kiwi. Coupez l'orange en quartiers et le kiwi en deux.

2 Placez les fruits dans une carafe ou une gourde remplie d'eau avec quelques feuilles de menthe et laissez infuser 2 h au réfrigérateur.

3 Buvez très frais.

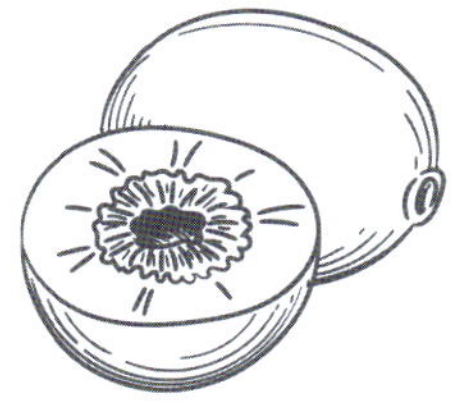

Pour 1 l de boisson

5 min de préparation

2 h de repos

1 orange

1 kiwi

Quelques feuilles de menthe fraîche

La menthe est une plante très efficace en cas de digestion difficile et de ballonnements.

Eau aromatisée citron, basilic, gingembre

Pour 1 l de boisson
5 min de préparation
2 h de repos

1 citron

1 cm de gingembre

Quelques feuilles de basilic frais

Si j'ai besoin d'un petit coup de *boost*, je me prépare directement cette eau aromatisée. Le citron et le gingembre réveillent instantanément en plus de rafraîchir, j'adore !

1 Épluchez et coupez en quartiers le citron. Épluchez et coupez en deux le morceau de gingembre.

2 Placez le citron et le gingembre dans une carafe ou une gourde remplie d'eau avec quelques feuilles de basilic et laissez infuser 2 h au réfrigérateur.

3 Buvez très frais.

Le mélange citron-gingembre est idéal pour brûler les graisses.

Smoothie mangue, ananas, pamplemousse

Mon combo parfait pour l'été : ce smoothie et une amie au bord de la piscine !

1 Pelez les fruits et coupez-les en morceaux.

2 Mixez-les avec quelques glaçons.

Vous pouvez conserver vos smoothies au réfrigérateur pendant deux jours mais pas davantage, sinon les vitamines perdent leurs vertus.

Pour 2 personnes
5 min de préparation

1 mangue

½ ananas

1 pamplemousse

1 poignée de glaçons

Matériel

Mixeur

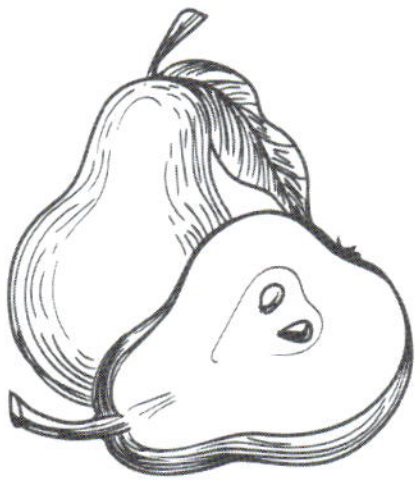

Smoothie poire, avoine, amande, cannelle

Pour 2 personnes
5 min de préparation

1 poire

100 g de flocons d'avoine complète

100 ml de boisson végétale d'amande

Cannelle en poudre

1 poignée de glaçons

Matériel

Mixeur

Même si c'est une saveur un peu hivernale, j'aime énormément ajouter de la cannelle à mes smoothies. En fait, je raffole tellement de cette épice que je suis prête à en mettre partout, toute l'année !

1 Pelez et coupez la poire en morceaux.

2 Mixez la poire avec les flocons d'avoine, la boisson végétale d'amande, 1 pincée de cannelle et quelques glaçons.

Mixez ce smoothie un peu plus longtemps que les autres pour bien broyer l'avoine.

5DL
4DL
3DL
2DL
1DL

Smoothie carotte, tomate, orange

Ce smoothie est inspiré de ma meilleure amie, qui me parle tout le temps du mélange carotte-orange ! Il est validé à 100 %, j'adore.

1 Lavez les tomates. Pelez les carottes et l'orange. Coupez-les en morceaux, de même que les tomates.

2 Mixez les fruits avec quelques glaçons.

Pour 2 personnes
5 min de préparation

2 tomates bien mûres

2 carottes
(ou 40 cl de jus de carotte)

1 orange

1 poignée de glaçons

Matériel

Mixeur

On ne le dira jamais assez, la carotte est excellente pour le teint !

NEMO

Juliann
Jours
Mois
Ans
AMIGO

Table des recettes

58, rue Jean Bleuzen – 92178 Vanves Cedex

Direction : Catherine Saunier-Talec
Responsable éditoriale : Lisa Grall
Responsable de projet : Marie Naudet
Responsable artistique : Cecilia Rehbinder
Relectures : Mélanie Rébillaud, Jeanne Labourel, Vediteam
Mise en page : Cécile Rabataud
Fabrication : Amélie Latsch
Responsable des partenariats : Dana Lichiardopol (dlichiardopol@hachette-livre.fr)
Responsable de la communication : Johanna Rodrigue (jrodrigue@hachette-livre.fr)

Dépôt légal : avril 2022
19-8416-8/01
ISBN : 978-2-01-946357-1
Imprimé en Espagne

PAPIER À BASE DE FIBRES CERTIFIÉES

hachette s'engage pour l'environnement en réduisant l'empreinte carbone de ses livres. Celle de cet exemplaire est de :
1,7 kg éq. CO_2
Rendez-vous sur www.hachette-durable.fr